BEI GRIN MACHT SICH IHR
WISSEN BEZAHLT

- Wir veröffentlichen Ihre Hausarbeit,
  Bachelor- und Masterarbeit

- Ihr eigenes eBook und Buch -
  weltweit in allen wichtigen Shops

- Verdienen Sie an jedem Verkauf

Jetzt bei www.GRIN.com hochladen
und kostenlos publizieren

Bibliografische Information der Deutschen Nationalbibliothek:

Die Deutsche Bibliothek verzeichnet diese Publikation in der Deutschen National-
bibliografie; detaillierte bibliografische Daten sind im Internet über http://dnb.d-
nb.de/ abrufbar.

Dieses Werk sowie alle darin enthaltenen einzelnen Beiträge und Abbildungen
sind urheberrechtlich geschützt. Jede Verwertung, die nicht ausdrücklich vom
Urheberrechtsschutz zugelassen ist, bedarf der vorherigen Zustimmung des Verla-
ges. Das gilt insbesondere für Vervielfältigungen, Bearbeitungen, Übersetzungen,
Mikroverfilmungen, Auswertungen durch Datenbanken und für die Einspeicherung
und Verarbeitung in elektronische Systeme. Alle Rechte, auch die des auszugsweisen
Nachdrucks, der fotomechanischen Wiedergabe (einschließlich Mikrokopie) sowie
der Auswertung durch Datenbanken oder ähnliche Einrichtungen, vorbehalten.

Impressum:

Copyright © 2016 GRIN Verlag
Druck und Bindung: Books on Demand GmbH, Norderstedt Germany
ISBN: 9783668867604

Dieses Buch bei GRIN:

https://www.grin.com/document/455385

Lukas Waltenrath

Analyse und Erstellung einer Kurseinheit. Planung einer Wirbelsäulengymnastik

GRIN Verlag

GRIN - Your knowledge has value

Der GRIN Verlag publiziert seit 1998 wissenschaftliche Arbeiten von Studenten, Hochschullehrern und anderen Akademikern als eBook und gedrucktes Buch. Die Verlagswebsite www.grin.com ist die ideale Plattform zur Veröffentlichung von Hausarbeiten, Abschlussarbeiten, wissenschaftlichen Aufsätzen, Dissertationen und Fachbüchern.

Besuchen Sie uns im Internet:

http://www.grin.com/

http://www.facebook.com/grincom

http://www.twitter.com/grin_com

Inhaltsverzeichnis

1   BESUCH EINER KURSEINHEIT 2

1.1   Phasenverlauf des besuchten Kurses 2

1.2   Motorische Fähigkeiten im besuchten Kurses 3

1.3   Betrachtung des Kursleiterverhaltens 4

2   EXTERNE BEDINGUNGEN EINER KURSEINHEIT 5

3   KURSPLANANALYSE 8

4   PLANUNG EINER WIRBELSÄULENGYMNASTIK 10

4.1   Zielgruppe 10

4.2   Material 10

4.3   Stundenplanung 11

5   LITERATURVERZEICHNIS 16

6   TABELLENVERZEICHNIS 16

1 Besuch einer Kurseinheit

1.1 Phasenverlauf des besuchten Kurses

Besucht wurde ein Aerobic – Kurs mit folgendem Phasenverlauf:

Tab. 1: Phasenverlauf des besuchten Kurses (eigene Darstellung)

Phase	Übungsbeispiel
Begrüßung	-
Allgemeines Warm – Up	Side-to-Side
Spezielles Warm – Up	Pony
Hauptteil	Kick
Cool – Down I	Step Touch
Cool – Down II	Dehnung der seitlichen Rumpfmuskulatur (dynamisch) im Seitgrätschstand
Verabschiedung	-

Anfänglich wurden alle Teilnehmer freundlich begrüßt, gefolgt von der Vorstellung der Gruppenleiterin. Einen Ausblick auf das bevorstehende Programm gab es allerdings kaum, es folgten zwar kurze Hinweise, speziell für die Neueinsteiger, auf Musik und darauf, dass man bei Aussetzern einfach mit dem anschließenden Schritt wieder einsteigen soll, technische Hinweise oder Einweisungen gab es allerdings keine.

Anschließend läuteten einige motivierende Worte auch schon den Beginn des eigentlichen Kurses ein.

Das Warm – Up an sich fiel relativ einseitig und kurz aus, was den Übergang vom Alltag zum Training relativ schwer gestaltete. Es fand zu Beginn zwar ein angenehmer March, gefolgt von einem Side-to-Side statt, auf den schlussendlich aber nicht weiter aufgebaut wurde, sodass das Herz-Kreislauf-System kaum beansprucht wurde und der Körper sich allgemein nicht richtig aufwärmen konnte. Da der rasche Übergang zum Hauptteil auch die Anfälligkeit für Verletzungen begünstigt, hätte es sich angeboten auf Schritte wie eben beispielsweise Side-to-Side mit verschiedenen intensivierenden Arm- oder Hoch-Tief-Bewegungen aufzubauen.

Auf eine anfänglich langsamere Bewegung wurde allerdings geachtet, ebenso wurde im Stand mit verschiedenen Streckbewegungen und parallelem Ein- und Ausatmen begonnen.

2

In der Phase des speziellen Aufwärmens ging es dann quasi von neuem mit dem Pony los. Das heißt ein flüssiger Übergang war hier nicht gegeben. Dennoch hat das spezielle Aufwärmen gut auf den Hauptteil vorbereitet, bei dem der Pony mit einem Kick und einem Leg Curl ergänzt wurde, wodurch der Kurs hier auch seinen Höhepunkt in Sachen Trainingsintensität hatte.

Im Cool – Down I wurden die Bewegungen langsamer und weniger komplex, auch Armbewegungen wurden zum Ende hin weniger, sodass der Puls, die Körpertemperatur und das Herzkreislaufsystem sich wieder beruhigen konnten.

Das Cool – Down II bestand aus dem Dehnen verschiedener Muskelgruppen, somit wurde der Phasenverlauf, abgesehen vom allgemeinen Aufwärmen gut eingehalten, eventuell hielt die Kursleiterin es nicht für nötig diese Phase besser mit den anderen zu verknüpfen und hat die Schritte nicht weiter ausgebaut, um den Schwerpunkt auf das spezielle Aufwärmen zu legen.

1.2   Motorische Fähigkeiten im besuchten Kurses

In einem Aerobic – Kurs wird vor allem die motorische Fähigkeit Ausdauer angesprochen. Diese kennzeichnet sich unter anderem durch eine physische und psychische Ermüdungswiderstandsfähigkeit, welche in einem Aerobic – Kurs von essentieller Bedeutung ist. Dabei muss das Herz-Kreislauf-System große Arbeit verrichten. Das Herz-Kreislauf-System in Gang zu bringen beziehungsweise die psychovegetative Leistungsbereitschaft zu erhöhen, sind auch Ziele eines kompletten Aerobic – Kurses, also allen durchgeführten Übungen, wodurch ein erster Bezug zu eben diesem gegeben ist.

Da solch ein Kurs im Normalfall zwischen 45 und 60 Minuten geht, stellt dieser ein Beispiel für eine Ausdauerleistung im aeroben Bereich dar, deren Ziel es ist Belastungen über längere Zeit durch ein Gleichgewicht zwischen Sauerstoffauf- und Sauerstoffabnahme kontinuierlich fortzuführen.

Ein zweites Beispiel einer motorischen Fähigkeit, die während eines Aerobic – Kurses besonders angesprochen wird, ist die Koordination. Gut entwickelte koordinative Fähigkeiten sind in diesem Kurs besonders wichtig, da sie wichtig für eine gute Belastbarkeit des Körpers, welche beim Aerobic gebraucht wird, sind. Da eine normale Kursstunde viele verschiedene, anspruchsvolle und schnell hintereinander folgende Schritte wie beispielsweise den Pony, kombiniert mit einem Kick und einem Leg Curl, beinhaltet, müssen diese gut koordiniert werden, wofür eben jene Koordination natürlich unerlässlich ist, denn sie beschreibt das Zusammenwirken vom zentralen Nervensystem und der Muskulatur selbst.

Da man bei einem Aerobic – Kurs oftmals auf verschiedene neue Schritte innerhalb kürzester Zeit stoßen kann, spielt Koordination auch hier eine wichtige Rolle, denn deren Aufgabe ist es auch, neue Dinge möglichst schnell aufzunehmen und wiederzugeben.

1.3 Betrachtung des Kursleiterverhaltens

Lehrer:

Ein Kursleiter hat die Funktion eines Lehrers inne, weil dieser den Kurs, wie der Lehrer die Unterrichtsstunde, immer gut vorbereitet und durchgeplant haben sollte. Außerdem sollten die Übungen auf die Zielgruppe zugeschnitten sein und Fragen sollten durch das Begründen, Erklären, Vormachen und Korrigieren des Leiters gar nicht erst entstehen und wenn doch, immer beantwortet werden können.

Der Kurs schien gut vorbereitet, was vermutlich auch an der Erfahrung und der dadurch entstehenden Flexibilität der Kursleiterin lag. Diese hat versucht alles aus den Teilnehmern herauszukitzeln, was durch das überwiegend junge Klientel auch gut möglich war, die Übungen wurden also passend gewählt. Diese wurden zwar nicht großartig begründet, aber dafür immer rechtzeitig angesagt und vorgemacht. Korrekturen wurden in Form von motivierenden Sprüchen an einzelne Teilnehmer persönlich gerichtet.

Dienstleister:

Als Dienstleister fungiert der Kursleiter, indem er gute Rahmenbedingungen vor Ort schafft, das heißt technische Geräte sollten funktionieren und der Raum sollte für das Programm geeignet – und nicht zu heiß oder kalt klimatisiert worden sein. Er bildet auch abseits des Kurses den Ansprechpartner bei Problemen oder Anregungen und sollte dazu geeignet sein Einsteiger gut zu integrieren.

Soweit beurteilbar erfüllte die Gruppentrainerin diese Funktion zufriedenstellend, da während des Kurses keine Probleme auftraten und Neueinsteiger persönlich während des Trainings angesprochen – und somit integriert wurden. Allerdings war der Raum nicht klimatisiert, sodass es sehr heiß war.

4

Vorbild:

Natürlich sollte der Leiter eines Kurses im Prinzip das verkörpern was alle Teilnehmer erreichen wollen und somit deren Vorbildfunktion einnehmen. Das heißt eine gewisse körperliche Fitness, passende Kleidung und ein gepflegtes Äußeres, kombiniert mit einer guten Haltung, ist vorauszusetzen und sollte so auch an die Teilnehmer weitergegeben werden.

Die Kursleiterin roch weder unangenehm, noch sah sie danach aus. Sie trug Sport-BH und Leggins, war schlank und recht muskulös, daher kann man sagen, dass sie selbst all das lebt was sie als Gruppentrainerin auch leben sollte.

Animateur:

Ein Kursleiter sollte dazu in der Lage sein persönlichen Stress während seines Kurses auszublenden und durch sein Auftreten stets Spaß und gute Laune nach außen auszustrahlen. Dabei sollten auch beispielsweise Korrekturen immer positiv formuliert werden, um den Kursteilnehmern jene erzeugte gute Laune nicht mies zu machen. Flexibel und entspannt mit auftretenden Zwischenfällen umzugehen ist das A und O. Präsenz, Motivation und Lob sollten nicht zu kurz kommen.

Diese Punkte hat die Trainerin im Aerobic – Kurs voll und ganz erfüllt, da sie ordentlich Gas gegeben hat und durch verschiedene Motivationsrufe glänzen konnte. Sie hatte immer alles im Blick und ging auf einzelne Personen ein, um jedes Indiz einer aufkommenden schlechten Stimmung direkt auszumerzen. Korrekturen wurden stets mit einem netten Spruch und einem Lächeln an den Mann gebracht, sodass keiner sich schlecht fühlen musste.

2 Externe Bedingungen einer Kurseinheit

Bevor man in die Planung einer Kurseinheit einsteigt müssen verschiedene Parameter festgelegt werden, die diese in verschiedener Weise beeinflussen können. In Anbetracht einer Kurseinheit können dies verschiedenste Rahmenbedingungen sein, unter anderem die vorhandenen Räumlichkeiten und deren Ausstattung oder auch das Klima beziehungsweise die Tageszeit. Diesbezüglich muss man sich also im Vorfeld Gedanken machen, ob Raumgröße beziehungsweise –form in Anbetracht der Teilnehmerzahl ausreichend ist.

Dementsprechend sollte man beispielsweise bei einem Yoga-, Pilates- oder Wirbelsäulengymnastikkurs darauf achten, dass der Raum bei 20 Teilnehmern größer als 20 qm ist, damit alle Kursteilnehmer mitsamt Matten ausreichend Platz haben, ansonsten kommen sich diese während den Übungen in die Quere.

Bei der Berechnung des Platzes sollten etwaige Säulen im Raum ebenfalls miteinberechnet werden, da diese den nutzbaren Raum enorm verkleinern können.

Was die Ausstattung des Raumes betrifft sollte man darauf achten, dass geplante Kurse überhaupt durchgeführt werden können. Beinhaltet ein Kurs beispielsweise viele Sprünge sollte ein sogenannter Schwingboden Pflicht sein, ansonsten verletzten sich die Teilnehmer des Kurses auf Dauer durch das harte Aufkommen auf dem Boden in Verbindung mit einer Stauchung des Körpers. Auch in Verbindung mit der Teilnehmerzahl ist wieder darauf zu achten, dass benötigte Kleingeräte in entsprechender Anzahl vorhanden und funktionstüchtig sind.

Geplante Hintergrundmusik sollte zum jeweiligen Kurs passend gewählt werden, sonst kann es passieren, dass die Teilnehmer dem Kurs, bei beispielsweise zu schneller Musik, nicht richtig folgen können. Ebenso könnte der Kurs sein gewünschtes Ziel verfehlen, indem beispielsweise ein Entspannungskurs von zu heftiger Musik begleitet wird.

Im Anschluss dieser Rahmenbedingungen sollte man sich Gedanken über die betreffende Zielgruppe machen, die man ansprechen will. Dies betrifft die Gruppengröße, das durchschnittliche Alter der Gruppe, das Geschlecht und den jeweiligen Leistungsstand.

Betreffend der Gruppengröße sollte man darauf achten, dass die Kursteilnehmer im Verhältnis zum Raum und den vorhandenen, falls benötigt, Kleingeräten stehen. Ebenfalls sollte man darauf achten, allen Teilnehmern möglichst gerecht werden zu können, das bedeutet wenn man beispielsweise ein älteres Klientel anspricht, sollte die Größe der Gruppe so gewählt werden, dass man eventuelle Korrekturen so durchführen kann, dass es den Ablauf des Kurses nicht stört, ansonsten kann es passieren, dass man mit einer Übung anfängt und anschließend so viel kontrollieren muss, dass sich andere schon langweilen oder der Kursablauf ins Stocken gerät und dieser somit sein Ziel verfehlt.

Ebenfalls sollte der Inhalt des Kurses altersspezifisch angepasst werden, damit auf der einen Seite ältere Kursteilnehmer bei ihrem eventuell ersten Besuch eines Kurses nicht von einem Programm, das auf Jüngere ausgelegt ist, abgeschreckt werden und schließlich keine weiteren Kurse mehr besuchen und auf der anderen Seite jüngere Personen sich in den Kursen für Ältere nicht langweilen oder unterfordert fühlen und somit keinen Nutzen im Besuch von weiteren Kursen mehr sehen.

Dieses Prinzip lässt sich auch auf das Geschlecht und den jeweiligen Leistungsstand der Gruppenteilnehmer anwenden, so besuchen Männer beispielsweise eher Powerkurse und schrecken vor den eventuell koordinativ komplexeren Kursen der Frauen zurück oder es betrifft Einsteiger, die von zu anspruchsvollen Stunden überfordert sind und andersherum. Das Problem ist allerdings immer dasselbe, dass potentielle Teilnehmer von Kursen, die wie für sie gemacht sind fern bleiben, weil sie von anderen Kursen verunsichert oder gelangweilt sind.

Zu guter Letzt sollte man die Zielsetzung beziehungsweise das Ziel eines Kurses immer vor Augen haben, denn anhand des Ziels werden Übungen ausgewählt, die dann den Inhalt des Hauptteils grundlegend beeinflussen. Der Hauptteil wiederum beeinflusst Warmup und Cooldown, sodass im Endeffekt das komplette Programm des Kurses auf die Ziele ausgelegt sind, welche im besten Fall auf den Kurs, also die Teilnehmer, genauestens abgestimmt wurden.

Wenn man also beispielsweise Kurse für Einsteiger gibt, sollte man die Ziele nicht zu hoch setzen, sodass diese Erfolgserlebnisse haben. Sind die Ziele zu hoch gesteckt und für einen Großteil nicht zu erreichen, kann es passieren, dass diese Kunden zum nächsten Termin ausbleiben. Daher bietet es sich an langfristige allgemeine Ziele, die sich auf den Gesamtprozess (also mehrere Monate oder Jahre) beziehen, und kurzfristige spezielle Ziele, die sich auf eine einzelne Kursstunde beziehen, zu formulieren, sodass die Teilnehmer regelmäßige Erfolge verbuchen können.

Ziele sollten in direktem Zusammenhang zur Zielgruppe stehen, gibt man also Kurse für Adipositasbetroffene, sollte das Ziel eine Körperfettreduktion in Verbindung mit Muskelaufbau sein. Da sich die Übungsauswahl an der Zielsetzung orientiert, sollte hier wiederum darauf geachtet werden, die Teilnehmer entsprechend ihrer Möglichkeiten nicht zu überfordern und keine Übungen einzubauen, die ihnen aufgrund ihrer Masse schaden könnten.

3 Kursplananalyse

Tab. 2: Kursplan (eigene Darstellung)

Montag	Dienstag	Mittwoch	Donnerstag	Freitag	Samstag	Sonntag
09:00-09:50 BBP / Zumba	09:00-09:50 Body Styling	09:00-09:50 Spinning	09:00-09:50 Taichigong	09:00-09:50 Body Fit		
10:00-10:50 Wirbelsäule	10:00-10:50 Wirbelsäule	10:15-11:10 Pilates	10:00-10:50 Wirbelsäule	10:00-10:50 Yoga	10:00-10:55 Zumba	10:00-10:55 Spinning
18:00-18:45 Fatburner	17:25-18:20 Spinning	18:00-18:45 Body Fit	18:15-19:10 Zumba Step	18:00-18:30 Trampo – Fit		
18:50-19:10 Power Bauch	18:25-19:20 Spinning	18:50-19:10 Bauch / Stretch		18:45-19:40 Pilates		
19:15-20:05 Zumba	19:30-20:30 Yoga	19:15-20:15 Wirbelsäule	19:15-20:15 Spinning			
Öffnungszeiten:						
Mo – Fr: 08:30 – 22:00 Uhr			Sa, So: 09:00 – 18:00 Uhr			

Einen Kursplan kann man aus drei verschiedenen Sichtweisen betrachten, aus organisatorischer, trainingswissenschaftlicher und wirtschaftlicher Sicht. Der in Tabelle 1 vorgestellte Kursplan ist aus organisatorischer Sicht gelungen, da er erst 15 Minuten nach Öffnung beginnt und 15 Minuten vor Schluss endet, somit haben die Kunden genügend Zeit sich umzuziehen. Da die Stoßzeiten meist abends sind, bietet dieser Kursplan gute Alternativen, um die Kunden genau zu jenen Zeiten auf Kurse und Trainingsfläche zu verteilen und somit potentielle Wartezeiten an den Geräten zu vermeiden.

Das Vormittagsprogramm wurde gut gewählt, da es durch eher stabilisierende und auf langsame Bewegungen ausgelegte Kurse wie Wirbelsäulengymnastik, Pilates und Yoga vor allem Senioren – und durch auf Ausdauer und Kraft basierende Kurse wie BBP/Zumba, Body Fit und Body Styling vor allem Mütter anspricht. Hier lohnt es sich also eine Kinderbetreuung anzubieten, um jungen Müttern vormittags das Training zu ermöglichen.

Ein Nachmittagsprogramm ist in dem in Tabelle 1 gezeigten Kursplan gar nicht vorhanden. Für diesen Zeitraum sind Kinder die passende Zielgruppe an die es sich zu richten gilt, da diese mittags frei haben. Man könnte also verschiedene spaß – und gesundheitsorientierte Programme speziell für Kinder anbieten. Alternativ könnte man den Kursraum in dieser Zeit vermieten, um ihn nicht ungenutzt zu lassen.

Auch am Wochenende fällt der in Tabelle 1 dargestellte Kursplan eher mager aus. Um dies zu ändern lohnt es sich, egal ob viel oder wenig Durchlauf, mehr Kurse anzubieten. Entweder es lockt mehr Kunden am Wochenende überhaupt zu kommen oder es entspannt die Situation auf der Trainingsfläche bezüglich der Wartezeiten an den Geräten. Wahlweise könnte man verschiedene Vorträge oder Seminare bezüglich Ernährung oder Training anbieten, um Kunden am Wochenende dazu zu bewegen ins Studio zu kommen.

Aus trainingswissenschaftlicher Sicht fällt direkt auf, dass die angebotenen Kurse im Kursplan aus Tabelle 1 nicht nach Leistungsstufen unterteilt sind. Wichtig wäre eine Unterteilung vor allem in Anfänger und Fortgeschrittene, am besten baut man noch eine Mittelstufe mit ein. Auch spezielle Einführungskurse wären eventuell von Vorteil, diese könnte man freitagabends gut einbauen, da zu dieser Zeit viele Leute frei haben.

Die Dauer der jeweiligen Kurse wurde gut gewählt, da ausdauernde Kurse länger, meist zwischen 45 – 60 Minuten, gehen und einzig die Bauchkurse mit kürzerer Dauer versehen wurden. Die Pausenzeiten zwischen den Kursen beträgt meist optimale 10 Minuten, allerdings, vor allem abends, lässt dies ebenso oft zu wünschen übrig, da hier oft nur 5 Minuten zwischen den Kursen liegen, was vor allem für Leute, die mehrere Kurse hintereinander besuchen möchten nicht vorteilhaft ist.

Positiv hingegen wären hintereinander folgende Kurse, die aufeinander aufbauen beziehungsweise gut miteinander kombiniert werden können. Solch potentiell aufeinander aufbauende Kurse haben wir, im in Tabelle 1 gezeigten Kursplan, beispielsweise dienstags beim Spinning, ansonsten folgen oftmals eher entspanntere Kurse auf ausdauerorientierte Kurse, was prinzipiell nicht schlecht ist, dennoch würde es sich eventuell anbieten mehr aufeinander aufbauende Kurse zu integrieren. Dies wäre ebenfalls eine gute Möglichkeit die Löcher am Wochenende zu füllen. Die auf den Fatburnerkurs folgende Baucheinheit am Montag ist gelungen und ein Beispiel hierfür.

4 Planung einer Wirbelsäulengymnastik

4.1 Zielgruppe

Die Zielgruppe für einen Kurs festzulegen ist besonders wichtig, da man sich aufgrund dieser die Planung des Kurses erleichtert. Zuallererst sollte man sich der Größe der Gruppe widmen, diese sollte in Bezug auf die Wirbelsäulengymnastik nicht allzu hoch gesetzt werden, da man damit rechnen muss, dass viel Korrektur erforderlich ist. Es ist also sinnvoll die maximale Teilnehmerzahl auf bis zu 15 Personen herabzusetzen, da es sonst zu unübersichtlich wird.

Eine Altersgrenze wird nicht festgelegt, der Kurs ist zwar vor allem an ältere Personen gerichtet, da diese tendenziell mehr Probleme mit der Wirbelsäule aufweisen, sollte aber auch jüngere Personen mit derartigen Problemen oder dem Willen präventiv zu arbeiten nicht ausschließen.

Die Festlegung der Zielgruppe in Bezug auf das Alter ist zwar prinzipiell kein Ausschlusskriterium anderer Mitglieder, könnte aber dennoch abschrecken, daher ist es eventuell sinnvoll während des Kurses Intensivierungsmöglichkeiten verschiedener Übungen aufzuzeigen, die ein engagierteres beziehungsweise jüngeres Klientel ausbelasten können. Der Kursleiter muss also dementsprechend flexibel sein und alle Teilnehmer im Auge haben können, was den Aspekt der etwas niedriger gewählten Gruppengröße nochmal unterstreicht.

Da es in dem Kurs um die Prävention beziehungsweise Kräftigung und Stabilisation der Rückenmuskulatur geht, spricht der Kurs kein spezielles Geschlecht an, auch wenn Frauen tendenziell besser mit koordinativ anspruchsvollen Übungen klarkommen, sollten Männer mit ähnlichen Problemen nicht ausgeschlossen werden. Auch hier bieten sich in Bezug auf die eventuell vorhandene Mehrkraft der Männer verschiedene Intensivierungsmöglichkeiten an, die der Kursleiter wieder möglichst flexibel instruieren sollte.

Wichtig ist es, den Kurs für Einsteiger erkenntlich zu machen, damit fortgeschrittene Mitglieder sich nicht in den Kurs verirren, sich langweilen und eventuell nicht mehr wiederkommen. Vorkenntnisse sind daher nicht erforderlich.

4.2 Material

- Gymnastikmatten

4.3 Stundenplanung

Tab. 3: Phase: Warm – Up (eigene Darstellung)

Phase: Warm – Up (8 Minuten)				
Ziel der Übung	Übungsbezeichnung / Name der Übung	Übungsbeschreibung	Belastungsgefüge	Bemerkungen / Hinweise
Mobilisation der HWS	Kopfkreisen	Fester Stand, Oberkörper starr, Kopf langsam kreisen	Wdh.: 15 Sätze: 1	Dynamische Bewegung
Mobilisation des Schultergürtels	Schulterkreisen	Fester Stand, Schultern langsam nach hinten kreisen	Wdh.: 15 Sätze: 1	Dynamische Bewegung
Mobilisation des Schultergürtels	Schulterkreisen im Wechsel	Fester Stand, Schultern einzeln nach hinten kreisen	Wdh.: 20 Sätze: 1	Dynamische Bewegung
Mobilisation des Schultergürtels	Arme strecken	Fester Stand, Arme im Wechsel über die Seite nach oben strecken	Wdh.: 15 Sätze: 1	Dynamische Bewegung, großzügige Bewegung mit den Armen, Arme oben kurz gestreckt lassen
Mobilisation des Schultergürtels	Schultern hochziehen	Fester Stand, Schultern anheben und langsam wieder absenken	Wdh.: 10 Sätze: 1	Dynamische Bewegung
Mobilisation der BWS, Kräftigung der rückseitigen Rumpfmuskulatur	Butterfly Reverse	Fester Stand, Arme in U-Haltung neben dem Kopf halten, die Beine im Stand ca. 120° beugen, Hüfte im rechten Winkel, Arme und Schulterblätter zur Wirbelsäule zurückziehen und lösen	Wdh.: 15 Sätze: 1	Dynamische Bewegung
Mobilisation der WS	Oberkörper abrollen	Wirbel für Wirbel langsam und kontrolliert nach vorne abrollen, Arme bewegen sich in Richtung des Bodens	Wdh.: 5 Sätze: 1	Dynamische Bewegung
Mobilisation der LWS	Lateralflexion	Arme seitlich hängen lassen und abwechselnd in Richtung des Bodens ziehen, die Hüfte bleibt starr	Wdh.: 20 Sätze: 1	Dynamische Bewegung, Arme nach 10 Wdh. parallel zum Boden ausstrecken und in deren Richtung strecken

11

Mobilisation der WS	Wirbelsäulen-rotation	Arme vor dem Körper verschränken und von links nach rechts bewegen, die Hüfte bleibt starr	Wdh.: 20 Sätze: 1	Dynamische Bewegung
Mobilisation der LWS	Becken vor- und zurück-schieben	Hände befinden sich am Becken, langsam durch anspannen des Gesäßmuskels das Becken vor- und zurück bewegen	Wdh.: 16 Sätze: 1	Dynamische Bewegung, nach 8 Wdh. Becken kreisen

Tab. 4: Phase: Hauptteil (eigene Darstellung)

Phase: Hauptteil (29 Minuten)				
Ziel der Übung	Übungsbezeichnung / Name der Übung	Übungsbeschreibung	Belastungsgefüge	Bemerkungen / Hinweise
Kräftigung der rückseitigen Rumpfmuskulatur	Oberkörper absenken	Leichter Ausfallschritt, beide Fersen fest in den Boden drücken, Füße sind nach vorne hin ausgerichtet, Kopf in Verlängerung der Wirbelsäule, Arme hängen lassen, Oberkörper absenken und wieder aufrichten, Rücken bleibt gestreckt	Wdh.: 12 Sätze: 2	Dynamische Bewegung, Ausfallschritt einmal mit dem linken – und einmal mit dem rechten Fuß vorne, bei der jeweils letzten Wiederholung statisch unten halten
Dehnung der Rückenstrecker	Katzenbuckel im Stand	Enger Stand, Arme auf den Beinen abstützen, Oberkörper absenken und Rücken abwechselnd rund und gerade machen	Wdh.: 5 Sätze: 1	Dynamische Bewegung
Kräftigung der rückseitigen Muskelgruppen	Beckenanheben zur Schulterbrücke	Rückenlage, Beine angewinkelt und Füße aufgestellt, Arme seitlich neben dem Körper, Becken anheben bis der Körper eine Linie bildet, anschließend wieder absenken, die Schulter hat kontinuierlichen Kontakt zum Boden	Wdh.: 8 Sätze: 1	Dynamische Bewegung, am Ende mit angehobenem Becken statisch halten und Gewicht vom linken auf den rechten Fuß verteilen
Kräftigung der Bauchmuskulatur	Beckenanheben	Rückenlage, Oberschenkel senkrecht nach oben, Knie gebeugt, Schultergürtel am Boden fixieren, Becken aufrollen und Beine in Richtung des Schultergürtels bewegen	Wdh.: 12 Sätze: 1	Dynamische Bewegung
Kräftigung der Bauch-	Gerade Crunches	Rückenlage, Beine angewinkelt, Füße aufgestellt, Fersen in den	Wdh.: 15	Dynamische Bewegung

12

muskulatur		Boden drücken, Hände seitlich am Kopf, Ellenbogen zeigen nach außen, der Kopf ist angehoben und etwa eine Faustbreite vom oberen Brustbeinende entfernt, Schultergürtel bis zur Lendenwirbelsäule auf- und wieder abrollen	Sätze: 1	
Kräftigung der Bauchmuskulatur	Schräge Crunches	Rückenlage, Beine angewinkelt, eine Hand seitlich am Kopf platzieren, die andere parallel zum Körper auf den Boden legen, der Kopf ist angehoben und etwa eine Faustbreite vom oberen Brustbeinende entfernt, Schultergürtel bis zu Lendenwirbelsäule aufrollen, sodass sich der am Kopf befindliche Arm dem entgegengesetzten Knie nähert	Wdh.: 8 Sätze: 2	Dynamische Bewegung, je einen Satz mit dem linken – und einen mit dem rechten Arm am Kopf
Kräftigung der Gesäß- und rückseitigen Rumpfmuskulatur	Diagonales Arm- und Beinheben	Bauchlage, Arme nach vorne ausgestreckt auf den Boden legen, abwechselnd einen Arm und das entgegengesetzte Bein nach oben hin anheben	Wdh.: 20 Sätze: 1	Dynamische Bewegung
Kräftigung der Rumpfmuskulatur, Körperwahrnehmung	Unterarmstütz	Unterarmstütz, Knie und Becken vom Boden abheben und halten	Wdh.: 1 Sätze: 2	Statisch halten

Tab. 5: Phase: Cool – Down (eigene Darstellung)

Phase: Cool – Down (8 Minuten)				
Ziel der Übung	Übungsbezeichnung / Name der Übung	Übungsbeschreibung	Belastungsgefüge	Bemerkungen / Hinweise
Entspannung	Paket	Schienbeine und Füße auf dem Boden ablegen, Gesäß auf den Waden und Oberkörper auf den Oberschenkeln ablegen, Hände an	Wdh.: 1 Sätze: 1	Abschließend Hände so weit wie möglich von sich entfernt nach vorne hin auf den

13

		die Füße, so klein machen wie möglich		Boden ablegen und von links nach rechts wandern
Dehnung der Rückenstrecker	Katzenbuckel	Vierfüßlerstand, Bauch anspannen und WS nach oben wölben, Bauchmuskulatur lösen und WS nach unten hin strecken	Wdh.: 5 Sätze: 1	Dynamische Bewegung
Kräftigung der Gesäß- und rückseitigen Rumpfmuskulatur	Diagonales Arm- und Beinheben	Vierfüßlerstand, ein Bein vom Boden abheben und mit gestrecktem Kniegelenk in Verlängerung der WS nach hinten ausstrecken, den jeweils entgegengesetzten Arm ebenfalls nach vorne in Verlängerung des Rückens ausstrecken, Blick Richtung Boden, das gestreckte Bein im Knie- und Hüftgelenk beugen und den Arm unter den Körper ziehen, anschließend wieder strecken	Wdh.: 6 Sätze: 2	Dynamische Bewegung, einen Satz mit linkem Bein und rechtem Arm und einen – mit rechtem Bein und linkem Arm, die jeweils letzte Wdh. kurz statisch halten und abschließend nach oben wippen
Dehnung der Hüftbeugemuskulatur, Körperwahrnehmung	Dehnung der Hüftbeugemuskulatur	Kniestand, ein Bein vor den Körper satt auf dem Fuß abstellen, sodass das Kniegelenk gebeugt ist und der Fuß dennoch vor dem Knie steht, das hintere Bein liegt mit dem Unterschenkel und Knie auf dem Boden auf, Oberkörper mit den Händen auf dem vorderen Oberschenkel stützen, Körperschwerpunkt nach vorne verlagern und Hüfte absenken, Oberkörper aufrecht lassen	Wdh.: 1 Sätze: 2	Statisch halten, einmal mit dem linken – und einmal mit dem rechten Bein vorne
Dehnung der medialen Oberschenkelmuskulatur, Körperwahrnehmung	Dehnung der medialen Oberschenkelmuskulatur	Sitzposition, Arme stützen den Oberkörper nach hinten ab, Beine gestreckt vor dem Körper und möglichst weit nach außen gespreizt, Oberkörper leicht nach vorne neigen, Rücken gerade	Wdh.: 1 Sätze: 1	Statisch halten, je weiter man den Oberkörper nach vorne neigt, desto mehr spürt man die Dehnung
Dehnung der rückseitigen Oberschenkelmuskulatur, Körper-	Dehnung der rückseitigen Oberschenkelmuskulatur	Rückenlage, ein Bein im Kniegelenk anwinkeln und satt auf dem Fuß abstellen, das andere Bein mit beiden Händen an der Oberschenkelrückseite fassen und zum	Wdh.: 1 Sätze: 2	Statisch halten, einmal mit dem rechten – und einmal mit dem linken Bein, anschließend rückengerecht aufste-

wahrnehmung		Körper heranziehen, das herange-zogene Bein strecken		hen und die Wirbelsäu-le langsam nach oben in den Stand aufrollen, oben angekommen mit den Armen versuchen nach der Decke zu greifen und somit den ganzen Körper stre-cken

Zuallererst ist zu sagen, dass die Übungen so ausgewählt wurden, dass aus allen Berei-chen, welche die Wirbelsäulengymnastik abdeckt, mindestens eine Übung benutzt wur-de. Innerhalb der Stundenplanung wurde generell auf rückengerechte Bewegungsabläu-fe und Haltung geachtet, insbesondere bei Positionsveränderungen, die das Aufstehen oder Hinlegen beinhalten. Des Weiteren wurde darauf geachtet die Bewegung immer komplett und ohne Schwung auszuführen. Überstrecken der Gelenke und falsches At-men galt es zu vermeiden.

In der in Tabelle 3 dargestellten Phase wurde sich für ein Warm – Up Programm ent-schieden, um die Muskulatur und Gelenke auf die nachfolgende Belastung einzustellen und das Verletzungsrisiko zu minimieren. Die Übungen wurden so gewählt, dass der Kurs damit beginnt, dass alle Teilnehmer stehen, um das Herz-Kreislauf-System nur langsam zu beanspruchen. Das Hauptaugenmerk wurde auf die Mobilisation der Wir-belsäule gelegt, damit diese überhaupt bereit für den nachfolgenden Hauptteil ist. Die Übungen wurden so gewählt, dass sie in der Halswirbelsäule begannen und die kom-plette Wirbelsäule bis runter zur Lendenwirbelsäule von oben herab mobilisieren konn-ten und alle Bewegungsmöglichkeiten beziehungsweise –richtungen abgedeckt wurden.

Bei dem in Tabelle 4 dargestellten Hauptteil lag der Schwerpunkt auf der Kräftigung der Rumpfmuskulatur, zusätzlich sollten die Übungen, aufgrund der methodischen Grundsätze, langsam vom Stehen in die Rückenlage übergehen, also vom Leichten zum Schweren beziehungsweise vom Einfachen zum Komplexen. Der Übergang sollte zwi-schen den Übungen des Weiteren so leicht wie möglich gehalten werden. Während des in Tabelle 5 beschriebenen Cool - Down ging es darum langsam wieder auf das Aus-gangsniveau und in den Stand zurückzukommen, hier wurde vor allem mit Dehnungsü-bungen gearbeitet, um die Muskulatur wieder zu entspannen und die Teilnehmer mental zu beruhigen.

5 Literaturverzeichnis

Eifler, C. & Reiß, M. (2015). *Studienbrief Gruppentraining I.* Saarbrücken: Deutsche Hochschule für Prävention und Gesundheitsmanagement

6 Tabellenverzeichnis

Tab. 1: Phasenverlauf des besuchten Kurses (eigene Darstellung) 2
Tab. 2: Kursplan (eigene Darstellung) 8
Tab. 3: Phase: Warm – Up (eigene Darstellung) 11
Tab. 4: Phase: Hauptteil (eigene Darstellung) 12
Tab. 5: Phase: Cool – Down (eigene Darstellung) 13

BEI GRIN MACHT SICH IHR WISSEN BEZAHLT

- Wir veröffentlichen Ihre Hausarbeit, Bachelor- und Masterarbeit

- Ihr eigenes eBook und Buch - weltweit in allen wichtigen Shops

- Verdienen Sie an jedem Verkauf

Jetzt bei www.GRIN.com hochladen und kostenlos publizieren